Stop aux politiques nationales

de régression économique !

Jean Pierre MOTTE

Lettre du Président de la Cour des comptes

À réception du livret « Cadres, engagez le fer contre les politiques de surendettement public ! »

CC D2100671 KZZ
14/05/2021

 Cour des comptes

Le Premier président

Paris, le - 4 MAI 2021

Monsieur,

J'ai bien reçu votre courrier du mois d'avril et l'ouvrage qui l'accompagnait sur les politiques de surendettement public.

Je vous remercie chaleureusement de cet envoi et de la confiance que vous témoignez ainsi à la Cour des comptes.

Je vous prie d'agréer, Monsieur, l'expression de mes salutations distinguées.

Pierre Moscovici

Monsieur Jean-Pierre Motte

13, rue Cambon • 75100 PARIS CEDEX 01 • T +33 1 42 98 95 00 • www.ccomptes.fr

Lettre du Président de la Cour des comptes

À réception du livret « Cadres de l'État, comportez-vous en manager du service public ! »

KCC D2101228 KZZ
29/07/2021

Cour des comptes

Le Premier président

Paris, le 2 9 JUIL. 2021

Monsieur,

J'ai bien reçu votre courrier du mois juillet et l'ouvrage qui l'accompagnait sur les cadres de l'État.

Je vous remercie de ce nouvel envoi et de la confiance que vous témoignez ainsi à la Cour des comptes et à ses institutions associées.

Je vous prie d'agréer, Monsieur, l'expression de mes salutations distinguées.

Pierre Moscovici

Monsieur Jean-Pierre Motte

13, rue Cambon ▪ 75100 PARIS CEDEX 01 ▪ T +33 1 42 98 95 00 ▪ www.ccomptes.fr

© 2022 MOTTE, Jean Pierre
Édition : BoD – Books on Demand,
12/14 rond-point des Champs-Élysées, 75008 Paris
Impression : BoD - Books on Demand, Norderstedt, Allemagne
ISBN : 9782322408665
Dépôt légal : Mai 2022

Alertes des Sages du Haut Conseil des Finances Publiques sur les détournements d'emprunt public au détriment de la compétitivité nationale

Dans une république surendettée par deux représentations nationales successives refusant de respecter les engagements financiers Européens de la France, le Haut Conseil des Finances Publiques (HCFP) a été créé le 17 décembre 2012 pour veiller à la cohérence de la trajectoire de retour à l'équilibre des finances publiques avec les accords de Maastricht. Alors que les membres qualifiés devaient représenter l'opinion des cadres des grandes entreprises du secteur marchand et conseiller un programme quinquennal d'économies publiques rétablissant la compétitivité nationale et l'équilibre des comptes publics, deux présidents du HCFP, cinq hauts fonctionnaires représentants du secteur public et cinq membres qualifiés représentants de la société civile ont jusqu'ici fermé les yeux sur le financement par l'endettement public d'une partie des dépenses de fonctionnement de la fonction publique et de dépenses sociales de la collectivité.

Le manifeste politique de 68 pages **Cadres, engagez le fer contre les politiques de surendettement public !** édité chez Books on Demand en février 2021 (7) est résumé ci-après :

« Formation des cadres au management du progrès continu dans les grandes entreprises.
Meilleures pratiques Allemandes de management de la valeur pour la nation dans l'établissement public à l'attention des cadres rémunérés par l'État.
Programme républicain 2022/2027 réduisant l'empreinte carbone exorbitante de la classe publique et rétablissant la contribution de la fonction publique à la compétitivité nationale. »

Il a été adressé au président et aux cinq membres qualifiés du HCFP pour susciter une évaluation objective de la contribution managériale au grand débat national préconisant une réduction de la masse salariale de l'État financée par l'endettement public afin de rétablir la compétitivité nationale. Le Président de la Cour des comptes a accusé réception du manifeste (8) et commandé à l'éditeur 10 livrets destinés aux membres du HCFP devant rendre en septembre 2021 le dernier avis annuel avant l'élection présidentielle 2022.

Le plaidoyer managérial de 60 pages **Cadres de l'État, comportez-vous en manager du service public !** édité le 30/06/2021 (9) est résumé ci-après :

« Dans un État Européen surendetté par quatre représentations nationales politiciennes successives refusant de respecter les accords de Maastricht et une génération incompétente de hauts fonctionnaires refusant d'imposer aux cadres de l'État les devoirs économiques et droits sociaux des cadres d'une grande entreprise nationale, le plaidoyer managérial est adressé au président et aux membres qualifiés du Haut Conseil des Finances Publiques pour susciter un avis 2021 sur l'excès de masse salariale de l'État à réduire par les pouvoirs publics et les devoirs économiques et droits sociaux des salariés et des fonctionnaires à aligner par les partenaires sociaux pour assurer une trajectoire de retour à l'équilibre des finances publiques 2022/2027 conforme aux engagements Européens de la France.»

Le Président de la Cour des comptes a accusé réception du manifeste (10) et commandé 11 exemplaires à l'attention des dix Sages. Il n'a pas diffusé le livret aux conseillers référendaires à la Cour des comptes ni demandé une évaluation critique des excédents budgétaires 2022/2027 préconisés pour réduire une croissance de l'endettement public estimée supérieure à 100 milliards d'euros par an en 2019. En septembre 2021, il n'a pas publié l'avis annuel du HCFP sur les économies publiques préconisées par les managers de grande entreprise du secteur marchand pour rétablir la compétitivité nationale. Avant la campagne électorale, il n'a pas alerté les citoyens sur les économies publiques préconisées pour stopper la croissance continue de l'endettement public et améliorer la compétitivité nationale.

« **Stop aux politiques nationales de régression économique !** » est une synthèse du plaidoyer managérial contre les politiques quinquennales de surendettement public. C'est un manuel républicain d'éducation civique et managériale du cadre aux meilleures pratiques Européennes de gestion des fonds publics au profit de la collectivité nationale à l'attention des dirigeants de l'État, des parlementaires et des présidents de collectivité territoriale. C'est un appel au sens des responsabilités nationales des cadres dirigeants de grande entreprise du secteur marchand devant alerter les partenaires sociaux sur la perte annuelle de compétitivité nationale résultant de la croissance continue de l'endettement public et des dégradations annuelles de la performance économique de l'action publique et la fonction publique.

Table des matières de l'appel aux managers
contre les détournements nationaux de l'emprunt public :

Chapitre I

Extraits du livret « Cadres de l'État, comportez-vous en manager du service public ! »

- Devoirs économiques des cadres dans un État Européen à désendetter
- Compétences managériales requises des cadres rémunérés par un État Européen à désendetter
- Efforts professionnels et sacrifices sociaux des cadres pour réduire la masse salariale de l'État afin de rétablir la compétitivité nationale et financer le modèle social

Chapitre II

Cadres du secteur marchand, exigez des futurs élus de la nation un engagement à restaurer les contributions publiques à la compétitivité nationale !

- Appels à la mobilisation des managers contre les politiques de régression économique et sociale
- Responsabilités économiques nationales du Président de la Cour des comptes et du Gouverneur de la Banque de France
- Responsabilités économiques du Chef d'un État Européen surendetté
- Responsabilité nationale des managers dans un État Européen à désendetter

Conclusion

Pour reconstruire une économie nationale compétitive dans la concurrence internationale, les managers du secteur marchand doivent exiger des pouvoirs publics et des partenaires sociaux une réduction progressive de l'endettement public annuel !

8

Références bibliographiques :

1/ Conseils aux managers des affaires publiques
72 p de Jean Pierre Motte ISBN : 9782954680804 Novembre 2013

2/ Appel au DRH et aux cadres de la fonction publique
40 p de Jean Pierre Motte ISBN : 9782954680842 Juillet 2014

3/ Collection Pratiques managériales républicaines
Tome III - À l'action, cadres ! 80p de Jean Pierre Motte
ISBN : 9782322165803 Novembre 2018

4/ À l'action républicaine, citoyens ! 40p de Jean Pierre Motte
ISBN : 9782322091898 Mars 2019

5/ À l'action républicaine, fonctionnaires ! 52p de Jean Pierre Motte
ISBN : 9782322186433 Octobre 201

6/ À l'interpellation républicaine, citoyen ! 32p de Jean Pierre Motte
ISBN : 9782322208104 Avril 2020

7/ Cadres, engagez le fer contre les politiques de surendettement public !
68 p de Jean Pierre Motte ISBN : 9782322198467 Février 2021
Voir page 39

8/ Lettre du Président de la Cour des comptes en page 2

9/ Cadres de l'État, comportez-vous en manager du service public !
60 p de Jean Pierre Motte ISBN : 9782322270194 Juin 2021
Voir page 40

10/ Lettre du Président de la Cour des comptes en page 3

Chapitre I

Extraits du livret « Cadres de l'État, comportez-vous en manager du service public ! »

Devoirs économiques des cadres dans un État Européen à désendetter

Compétences managériales requises des cadres rémunérés par un État Européen à désendetter

Efforts professionnels et sacrifices sociaux des cadres pour réduire la masse salariale de l'État afin de rétablir la compétitivité nationale et financer le modèle social

Devoirs économiques des cadres dans un État Européen à désendetter

a/ Évaluer les fautes nationales de gestion des fonds publics

b/ Informer les salariés sur les efforts professionnels et sacrifices sociaux nécessaires pour améliorer la compétitivité de l'entreprise

c/ Informer les représentants du personnel et les citoyens sur la baisse des impôts de production nécessaire à la compétitivité de l'entreprise

a/ Évaluer les fautes nationales de gestion des fonds publics

Identifier les détournements gouvernementaux de fonds publics au détriment du développement économique :

- Financement par l'emprunt public des dépenses de fonctionnement de la fonction publique destructrices de valeur pour la nation.
- Exemption du devoir économique national à générer du progrès continu dans le service public.
- Comblement du déficit des régimes de retraite des entreprises publiques SNCF, RATP, par l'emprunt public.

Évaluer l'ampleur des méfaits économiques et sociaux du surendettement public :

- Augmentation du cout du travail et perte de compétitivité des entreprises résultant des excès de prélèvements obligatoires et d'impôts de production.
- Perte de croissance de la production intérieure et dégradation de la balance commerciale.
- Corrélation entre les sureffectifs publics et le chômage de masse dans le secteur marchand.
- Inégalité croissante des devoirs économiques et droits sociaux des cadres de l'État et des cadres de grande entreprise.

Évaluer les gisements nationaux de progrès des services publics :

- Montant des rémunérations indues aux cadres de l'État pour destruction annuelle de valeur au détriment de la collectivité nationale.
- Productivité publique à améliorer par restructuration des services de l'État et des collectivités territoriales.
- Volume des marchés de travaux publics à passer à moindre cout pour la nation aux PME/TPE plus performantes que les services techniques territoriaux.

b/ Informer les salariés sur les efforts professionnels et sacrifices sociaux nécessaires pour améliorer la compétitivité de l'entreprise

Les cadres savent que tout progrès social dans l'entreprise sans progrès économique préalable comporte un risque ultérieur de dégradation du résultat et la nécessité d'améliorer la productivité pour corriger l'augmentation des couts du travail. Depuis la première crise de l'énergie en 1974, les entreprises industrielles ont été confrontées à un ciseau permanent d'évolution défavorable des couts de production et des prix de vente amenant les patrons à réduire chaque année les dépenses de fonctionnement en budgétant un excédent de 2% pour maintenir la compétitivité de l'entreprise quels que soient les aléas de la conjoncture commerciale. A l'inverse des patrons, les pouvoirs publics programmaient un déficit budgétaire systématique à hauteur de l'inflation et corrigeaient l'excès annuel de dépenses publiques par la Banque de France en jouant sur la parité du Franc.

Depuis l'adoption de l'euro, les dirigeants de l'état ont accru l'endettement public pour financer les politiques sociales sans contrepartie de croissance de la production intérieure brute ou d'amélioration de la balance commerciale. Les politiques de création d'emploi par réduction de la durée du travail ont trompé les citoyens en générant du chômage et une régression économique continue.
Les sureffectifs publics ont augmenté la masse salariale de l'état et dégradé la performance économique collective des fonctionnaires.

Depuis la crise de 2008, tous les cadres du secteur marchand savent que la pérennité et le développement de leur entreprise impliquent de nouveaux efforts professionnels et des sacrifices sociaux accrus. Avec le patron, les cadres et les salariés participent à une démarche collective de progrès économique continu. Les cadres réalisent chaque année des projets de progrès industriel ou commercial augmentant la production, les ventes et le résultat en période faste et réduisant la production et les dépenses de fonctionnement en période de crise. Ils doivent inciter les salariés à réaliser des projets participatifs de progrès dans les ateliers et les bureaux.

c/ Informer les représentants du personnel et les citoyens sur la baisse des impôts de production nécessaire à la compétitivité de l'entreprise

Depuis le passage à l'euro, les dirigeants de l'État, les élus de la nation, les hauts fonctionnaires et les chefs de service public ne se préoccupent plus de l'efficacité de l'action publique au service de la collectivité et de l'équilibre des comptes publics ou de la balance commerciale de la nation. Les dépenses de l'état et des collectivités territoriales et les endettements public et territoriaux ont crû sans cesse malgré les engagements électoraux successifs de réduction des dépenses publiques. Pour stopper la croissance continue de la dette liée aux dépenses de fonctionnement de la fonction publique, les managers du secteur marchand estimaient en 2019 que l'excès de dépenses par agent public devait être aligné sur l'excès de dépenses par agent privé en réduisant de 50 milliards la masse salariale de l'État et l'endettement public annuel.

 Les cadres doivent alerter les représentants du personnel sur les dérives de gestion des fonds publics ayant dégradé la compétitivité nationale depuis le passage à l'euro. Les politiques de déficit budgétaire financé par l'endettement public ont réduit l'efficacité d'une fonction publique de plus en plus couteuse pour la nation en provoquant un chômage de masse et une fracture sociale entre une classe publique de plus en plus nombreuse et autant de chômeurs et de demandeurs d'emploi. Les refus syndicaux de généraliser les pratiques de progrès continu dans la fonction publique ont dégradé la performance économique des services de l'État et des collectivités territoriales et affecté la compétitivité nationale. Dans la société civile, les cadres doivent informer les citoyens sur les gisements publics de progrès à exploiter pour baisser les impôts de production et améliorer la compétitivité des entreprises.

 L'auteur a décrit les pratiques managériales anglo-saxonnes nécessaires pour restaurer les contributions de l'action et la fonction publiques à la compétitivité nationale. Il a vainement alerté deux présidents de la république et un président de la Cour des comptes puis témoigné au grand débat national en demandant aux ministres de dire la vérité aux citoyens sur les économies publiques requises pour baisser les prélèvements obligatoires et améliorer la compétitivité de l'économie nationale (6).

Compétences managériales requises des cadres rémunérés par un État Européen à désendetter

a/ Informer les citoyens sur les luttes républicaines à mener contre la récession économique et le chômage dans le secteur marchand.

b/ Exploiter les gisements de progrès des services de l'État et réduire les impôts de production

c/ Développer les compétences managériales pour rétablir les contributions publiques à la compétitivité nationale

a/ Informer les citoyens sur les luttes à mener contre la récession économique et le chômage dans le secteur marchand

Le Président de la République n'a pas informé les fonctionnaires sur les fautes nationales de gestion des fonds publics ayant généré une régression économique permanente. Il a symboliquement condamné la destruction annuelle de valeur des politiques publiques par la suppression de l'ENA et les rémunérations publiques exorbitantes en renonçant à la retraite spéciale des anciens présidents de la république (75000 euros/an après 2022 ou 2027).

Il n'a pas informé les citoyens sur les manquements financiers aux engagements Européens de la France qui ont dégradé la compétitivité nationale et augmenté l'endettement public continu de 100 milliards/an en 2019 dont la moitié pour financer la masse salariale exorbitante de l'État. Après le grand débat national, il n'a pas tenu compte des préconisations managériales de rétablissement de la performance économique de la fonction publique pour soutenir la compétitivité nationale sans augmenter l'impôt des particuliers (5).

Le Chef de l'État aurait dû instaurer une semaine d'éducation civique des jeunes à majorité pour informer les nouveaux citoyens sur les efforts professionnels et sacrifices sociaux à consentir par les adultes pour lutter contre le surendettement public et sortir de la récession économique :

Jour 1 : Action nationale contre le terrorisme et l'activisme terroriste
Jour 2 : Excès de dépenses nationales et d'endettement public à réduire
Jour 3 : Devoir économique du salarié dans l'entreprise
Jour 4 : Égalité des droits sociaux des salariés et des fonctionnaires
Jour 5 : Union républicaine contre la régression économique

Il aurait dû rétablir un service civique obligatoire de cinq semaines à l'entrée dans la fonction publique pour informer les nouveaux fonctionnaires sur le devoir économique national des agents publics dans un État Européen à désendetter.

17

b/ Exploiter les gisements de progrès des services de l'État et réduire les impôts de production

Au 21ième siècle, l'incompétence économique et l'irresponsabilité nationale des présidents de la république, premiers ministres, ministres de l'économie, présidents de la Cour des comptes et gouverneurs de la Banque de France ont dégradé chaque année les couts du service public en refusant le progrès continu dans la fonction publique et un alignement républicain des devoirs économiques et droits sociaux des agents de l'état sur ceux des salariés.

Depuis la crise de 2008, tous les patrons font face à une dégradation de la profitabilité des entreprises et doivent négocier avec les organisations syndicales des accords favorables à la survie ou au développement de leur entreprise. En période de croissance, ils exploitent la valeur ajoutée des projets stratégiques, industriels, commerciaux des cadres et des projets participatifs des salariés mais en période de crise ils restructurent les entreprises et font réduire les dépenses de fonctionnement par les cadres. En 2021, la Cour des comptes n'a pas identifié les gisements nationaux de progrès pour réduire l'empreinte carbone exorbitante de la fonction publique et améliorer l'efficacité nationale des services publics. Dans la fonction publique d'état, 200000 emplois pourraient être réduits en dix ans sans remplacer les départs en retraite. Dans la fonction publique territoriale, 600000 emplois pourraient être externalisés et une masse salariale de 30 milliards supprimée par une privatisation partielle des services techniques avec 24 milliards de marchés de travaux publics affectés à des PME/TPE plus performantes dans la distribution à moindre cout des prestations essentielles aux administrés. L'alignement des droits sociaux des fonctionnaires et des salariés pourrait réduire à terme la masse salariale de l'État de l'ordre de 30 milliards.

Le gisement potentiel de progrès économique des services de l'État estimé par les managers du secteur marchand est équivalent aux impôts de production, 75 milliards, avec une moitié exploitable durant un quinquennat et l'autre moitié à plus ou moins long terme. Pour rétablir les contributions publiques à la compétitivité nationale, la directrice de la transformation de la fonction publique devra imposer aux cadres un modèle de gestion par objectifs annuels de progrès et la réalisation de projets améliorant la productivité publique et réduisant la masse salariale de l'État.

c/ Développer les compétences managériales pour rétablir les contributions publiques à la compétitivité nationale

Il faut développer les compétences managériales de l'encadrement public pour restaurer la performance économique des services publics et réduire l'endettement public. Il faut transformer l'ENA en Université d'Entreprises du Service Public et former les cadres de l'État Français aux pratiques managériales des cadres de l'État Allemand.

Expertise économique requise des parlementaires et des hauts fonctionnaire

Le président de la Cour des comptes doit évaluer la cohérence du programme 2022/2027 à réduire la dépense publique afin de relancer l'économie marchande et les conseillers référendaires préconiser les excédents budgétaires requis pour réduire progressivement l'endettement public.

Les futurs élus de la nation 2022/2027 devront aligner les devoirs économiques et droits sociaux des fonctionnaires et des salariés afin de financer le modèle social et réduire l'endettement public.

Compétences requises des cadres de l'État

Après éducation civique et instruction militaire à l'entrée dans la fonction publique, les cadres doivent encadrer la performance économique collective des fonctionnaires. Avant d'assumer une responsabilité managériale, ils doivent développer leurs compétences avec des programmes de formation à la réalisation des projets de progrès de l'entité à gérer, service ou établissement.

Le chef de service doit fixer les projets de progrès économique à réaliser par les fonctionnaires pour améliorer la qualité des prestations aux usagers et réduire le cout pour la nation.

Le directeur d'établissement doit fixer les objectifs annuels de progrès des différents services pour améliorer la qualité des prestations publiques et réduire les couts de fonctionnement.

Le haut fonctionnaire, président d'institution publique, doit manager la performance économique de l'institution et engager les démarches de productivité du personnel par transformation ou restructuration des services.

19

Efforts professionnels et sacrifices sociaux des cadres pour réduire la masse salariale de l'État afin de rétablir la compétitivité nationale et financer le modèle social

a/ Les cadres de l'État doivent rétablir la performance économique de la fonction publique pour financer le modèle social des fonctionnaires

b/ Les cadres de l'État doivent renoncer aux rémunérations indues pour destruction de valeur au détriment du développement économique national

a/ Les cadres de l'État doivent rétablir la performance économique de la fonction publique pour financer le modèle social des fonctionnaires

Le nouveau Président de la République 2022/2027 devra :

- Déclarer d'intérêt national le progrès continu et le modèle de management par objectifs de progrès.
- Fixer les devoirs économiques des cadres de l'État pour développer la compétitivité nationale et réduire l'endettement public.
- Instaurer un service civique obligatoire de cinq semaines à l'entrée dans la fonction publique pour informer les nouveaux entrants et les fonctionnaires sur le devoir économique national des agents rémunérés par un État Européen à désendetter.
- Instaurer une semaine d'éducation civique des nouveaux adultes sur les luttes nationales à mener par les citoyens contre le surendettement public et la récession économique.

Le Gouverneur de la Banque de France devra fixer le montant de l'excédent budgétaire à affecter à la réduction annuelle de l'endettement public pour maintenir la compétitivité nationale.

Le Haut-Commissaire au Plan devra évaluer les enjeux économiques d'une externalisation des services techniques de collectivité territoriale.

Le Président de la Cour des comptes devra évaluer le programme 2022/2027 d'exploitation des gisements de progrès de l'État pour redresser progressivement les comptes publics et reconstruire une économie nationale compétitive.

La directrice générale de l'administration et la fonction publique devra :

- Aligner les devoirs économiques et droits sociaux des cadres de l'État et des cadres du secteur marchand pour améliorer la contribution publique à la compétitivité nationale.

21

- Baisser les rémunérations de l'encadrement public et conditionner toute augmentation future à une réduction de l'endettement public.
- Aligner les droits sociaux des agents de l'État sur ceux des salariés pour financer le modèle social.
- Externaliser les services publics les moins productifs pour réduire le cout pour la nation des prestations publiques et territoriales.

Les présidents de collectivité territoriale devront engager les démarches de restructuration des établissements ou services techniques peu productifs afin d'améliorer la contribution économique de la fonction publique à la compétitivité nationale.

Les chefs de service public devront améliorer la performance annuelle des établissements publics pour contribuer à l'amélioration de la compétitivité nationale et à la réduction de l'endettement public.

b/ Les cadres de l'État doivent renoncer aux rémunérations indues pour destruction de valeur au détriment du développement économique national

Les cadres du secteur marchand jugent illégales les rémunérations publiques financées par l'endettement public dans une république à désendetter. Pour faire réduire les prélèvements obligatoires ayant augmenté le cout du travail, réduit la croissance annuelle de l'économie nationale et entretenu un chômage de masse dans le secteur marchand, les patrons et les cadres dirigeants des grandes entreprises devront engager une action de groupe contre les rémunérations indues aux cadres de l'État pour destruction de valeur au détriment de l'intérêt national. Ils attendent une réparation des dommages causés aux entreprises et au financement du modèle social par les politiques publiques.

En 2022, les cadres dirigeants de grande entreprise devront saisir le conseil d'État pour obtenir réparation des fautes publiques de gestion des affaires nationales et exiger une baisse des rémunérations des hauts fonctionnaires, des chefs de service public et des présidents de collectivité territoriale en conditionnant toute future augmentation à une réduction annuelle de la dette supérieure à 1% du PIB. Ils devront rappeler la contribution au grand débat national suggérant une réparation financière par réduction de 10% de la masse salariale de l'encadrement public soit de l'ordre de 8 milliards.

Pour sanctionner le refus constant des dirigeants publics et des hauts fonctionnaires d'améliorer la performance économique de la fonction publique, une baisse républicaine de l'ordre de 14 milliards de la masse salariale de l'encadrement public devrait être appliquée en hiérarchisant les contributions à exiger des cadres, des hauts fonctionnaires et des dirigeants d'un État Européen à désendetter :

- Baisse de 10% des rémunérations des chefs de service public et des présidents de collectivité territoriale.
- Baisse de 20% des rémunérations des hauts fonctionnaires.
- Baisse de 40% des rémunérations du Président de la République, des ministres et des élus de la nation.

Chapitre II

Cadres du secteur marchand, exigez des futurs élus de la nation un engagement à restaurer les contributions publiques à la compétitivité nationale !

Appels à la mobilisation des managers contre les politiques de régression économique et sociale

Responsabilités économiques nationales du Président de la Cour des comptes et du Gouverneur de la Banque de France

Responsabilités économiques du Chef d'un État Européen surendetté

Responsabilité nationale des managers dans un État Européen à désendetter

Appels à la mobilisation des managers contre les politiques de régression économique et sociale

Le Président du Haut Conseil des Finances Publiques et de la Cour des comptes n'a pas dénoncé les méfaits économiques et sociaux des politiques de surendettement public. Il n'a pas conseillé aux présidents, aux ministres, aux parlementaires et aux hauts fonctionnaires de réduire la masse salariale de l'État financée par l'endettement public ni aux chefs de service public d'exploiter les gisements nationaux de progrès économique de la fonction publique. Il n'a pas conseillé aux représentants des pouvoirs publics et des partenaires sociaux d'aligner les devoirs économiques et droits sociaux des fonctionnaires sur ceux des salariés pour améliorer la compétitivité nationale et financer un modèle social de plus en plus couteux pour la collectivité.

Avant les deux tours de l'élection présidentielle, trois articles de presse ont été vainement proposés aux rédactions des Échos, du Figaro et du Monde pour alerter les cadres du secteur marchand, les journalistes et les lecteurs de la presse économique sur la perte continue de compétitivité nationale résultant du surendettement public et remettre le problème de la dette publique au centre de la campagne électorale :

1/ Le Président de la Cour des comptes et le Gouverneur de la Banque de France doivent conseiller aux pouvoirs publics de stopper la croissance continue de l'endettement public

2/ Le nouveau chef de l'État devra fixer les objectifs 2022/2027 de l'action gouvernementale pour réduire l'endettement public et restaurer la compétitivité nationale

3/ Les hauts fonctionnaires et les cadres de l'État devront appliquer les meilleures pratiques européennes de conduite de l'action publique et management du progrès continu dans les services publics.

Responsabilités économiques nationales du Président de la Cour des comptes et du Gouverneur de la Banque de France

Depuis 2012, deux présidents du Haut Conseil des Finances Publiques et de la Cour des comptes ont trompé 2000 hauts fonctionnaires et un million de cadres de l'État en maintenant un devoir public de réserve sur les méfaits économiques et sociaux des politiques quinquennales de surendettement public. En octobre 2021, le Président de la Cour des comptes a annoncé vouloir peser dans le débat présidentiel en publiant d'ici le 6 décembre 12 notes sur les défis auxquels seront confrontés les gouvernements au cours des prochaines années alors que l'endettement du pays frôle des niveaux jamais atteints et cité onze défis, la réforme du régime des retraites, la gestion de la justice, la transition agro-alimentaire, l'avenir des universités, la gestion de la police, la santé, la culture, l'emploi des jeunes, la production d'électricité, le logement, l'industrie. Mais il n'a pas cité le problème majeur relevé par les membres qualifiés du Haut Conseil des Finances Publiques sur la perte de compétitivité nationale provoquée par la croissance continue de l'endettement public. Début novembre, il a regretté l'absence de réels efforts de désendettement public dans le projet de budget 2022 sans indiquer les économies publiques conseillées par les managers du secteur marchand pour réduire l'endettement public et améliorer la compétitivité nationale.

En décembre, le Gouverneur de la Banque de France a mis en garde les futurs gouvernements contre toute hausse de la dette publique en insistant sur le fait que la France n'a pas les moyens de dégrader davantage ses finances publiques alors que la balance commerciale et celle des paiements se dégradent de plus en plus chaque année et qu'il manque 3 millions d'emplois en France par rapport à l'Allemagne. Faute de pouvoir dévaluer sa monnaie au sein de la zone euro, il a indiqué qu'une crise de la balance des paiements se porterait inéluctablement sur les taux d'intérêt du pays et que si l'ensemble des taux d'intérêt montaient de 1%, le cout supplémentaire en intérêts au bout de dix ans serait de 39 milliards par an, soit l'équivalent du budget actuel de la défense nationale.

Le Président de la Cour des comptes et le Gouverneur de la Banque de France ont refusé d'informer les candidats à l'élection présidentielle et les citoyens sur les préconisations des managers du secteur marchand pour reconstruire une économie nationale compétitive au prochain quinquennat (Réduction des impôts de production réclamée par les patrons pour rétablir la compétitivité des entreprises et baisse de la masse salariale de l'État jugée nécessaire par les managers des grandes entreprises pour réduire l'endettement public et financer le modèle social).

Fin janvier, le Fonds monétaire international a enjoint la France de réduire plus rapidement ses dépenses publiques en ramenant le déficit de l'ordre de 5% du PIB prévu cette année à 2,5% en 2025 et 2,2% en 2026 (au lieu de 3% en 2027 objectif Bercy) afin de contenir le taux d'endettement public à 114% du PIB.

Le Président de la Cour des comptes a attendu le 16 février 2022 pour informer le Président de la République, les candidats à l'élection présidentielle et les citoyens sur « le creusement du déficit structurel de l'État et l'alourdissement de la dette publique en conseillant 9 milliards d'économies annuelles supplémentaires au prochain quinquennat par rapport à la période d'avant crise 2010-2019 ou la dette de la France était passé de 85 à 97% du PIB et celle de l'Allemagne de 80 à 60% du PIB ». Ces économies publiques ne réduiront au mieux que le tiers des excès de dépenses sociales de la collectivité et de fonctionnement de la fonction publique et elles ne stopperont pas la croissance continue de l'endettement public à la fin du prochain quinquennat.

Avant le début des campagnes électorales pour la présidentielle, le Président de la Cour des comptes et le Gouverneur de la Banque de France auraient dû informer les ministres, les parlementaires, les hauts fonctionnaires, les cadres de l'État, les fonctionnaires et les citoyens sur l'ampleur des économies publiques nécessaires pour réduire la croissance annuelle de l'endettement public et stopper la dégradation continue de la compétitivité nationale.

Responsabilités économiques du Chef d'État Européen surendetté

Depuis le passage à l'euro, quatre présidents de la république ont imposé un devoir public de réserve sur la perte continue de compétitivité nationale et les méfaits sociaux des politiques de surendettement public menées au seul profit des avantages acquis de la fonction publique et détriment du plein emploi de la majorité laborieuse. Emmanuel MACRON a renoncé à la retraite spéciale d'ancien président de la république et décidé de réformer la haute fonction publique en remplaçant l'ENA par l'Institut National du Service Public puis en supprimant la plupart des corps de hauts fonctionnaires et en nommant une ministre chargée de la transformation de l'action et la fonction publiques et une directrice générale de l'administration et de la fonction publique. Mais il n'a pas fixé les objectifs annuels de performance économique des services publics et les fonctionnaires et les agents de collectivité territoriale n'ont pas été informés sur les efforts de productivité et économies publiques nécessaires pour restaurer la compétitivité nationale dégradée depuis le passage à l'euro. L'avis du Haut Conseil des Finances Publiques de septembre 2021 n'a pas été évoqué dans l'allocution télévisée du 9 novembre consacrée au rappel vaccinal et aux pistes d'un programme d'actions pour un nouveau mandat, relance du nucléaire, développement de la valeur travail, lutte contre l'assistanat. Le Président de la République n'a pas informé les citoyens sur les économies budgétaires préconisées par les managers et les devoirs économiques et sacrifices sociaux à imposer aux agents de l'État pour améliorer la compétitivité nationale, financer le modèle social et réduire l'endettement public.

Les grandes lignes budgétaires du programme 2022/2027 du chef de l'État ont été dévoilées le 21 mars 2022. Elles ne prévoient que 2 milliards/an d'économies sur l'État et autant sur les collectivités territoriales à transformer éventuellement en baisse d'effectifs pour améliorer l'efficience de l'action publique soit la moitié seulement des préconisations de la Cour des comptes.

Le projet électoral des Républicains est le plus réformateur. Il respecterait les préconisations du Fonds monétaire international mais n'améliorait pas la performance économique de la fonction publique en alignant les droits sociaux des fonctionnaires sur ceux des salariés sans aligner leurs devoirs économiques.

La réduction des effectifs de 200000 personnes par non-remplacement d'une partie des fonctionnaires et des agents de collectivité territoriale partant en retraite et l'embauche de 50000 fonctionnaires diminueraient les sureffectifs publics de l'ordre de 15%. Les 76 milliards d'économies sur les dépenses sociales des fonctionnaires et des salariés et les 15 milliards de privatisations diminuées par la hausse de l'inflation amélioreraient le financement du modèle social sans réduire significativement la croissance de l'endettement public en fin de quinquennat. De telles économies publiques devraient être prolongées durant six quinquennats pour supprimer les sureffectifs publics en réduisant la masse salariale de l'État et l'endettement public de 50 milliards par an. Sans amendement du projet, le maintien des sureffectifs publics et de l'empreinte carbone exorbitante de la fonction publique sera plébiscité par un million de cadres rémunérés par l'État mais rejeté par quatre millions de cadres du secteur marchand.

Quel que soit le programme sur lequel il aura été élu, le nouveau président de la République devra fixer aux hauts fonctionnaires et aux cadres de l'État les objectifs annuels de progrès pour rétablir progressivement les contributions économiques de la fonction publique à la compétitivité nationale et réduire l'endettement public continu. Il devra fixer les devoirs économiques des cadres pour baisser la masse salariale de l'État de 50 milliards et les efforts professionnels et sacrifices sociaux à consentir par les fonctionnaires et les salariés pour baisser les dépenses sociales de la nation de 50 milliards/an afin de réduire l'endettement public de 100 milliards/an en fin de quinquennat et retrouver progressivement un équilibre des finances publiques conforme aux engagements Européens de la France.

Responsabilité nationale des managers
dans un État Européen à désendetter

Le cadre doit informer les salariés sur les niveaux critiques d'endettement pouvant affecter le développement ou la pérennité de l'entreprise. Dans une économie de marché, les investissements les plus rentables peuvent être financés par l'endettement alors que les investissements les moins rentables et les frais de fonctionnement de l'entreprise doivent être autofinancés. Avec le retour de l'inflation, les journalistes de la presse économique nationale doivent informer les candidats à un mandat présidentiel ou parlementaire et les électeurs sur les niveaux d'endettement public à ne pas dépasser en augmentant les effectifs dans l'administration et les services publics (électricité, transport, logistique, technique) qui aggravent la perte de compétitivité nationale et dégradent la notation de la France sur les marchés financiers. Avant de pouvoir engager un investissement majeur pour le développement de l'économie nationale au 21ième siècle et relancer un programme nucléaire très couteux (6 EPR en 2050 selon le chef de l'État sortant), tous les managers et les cadres de France savent qu'il faudra réduire le surendettement public et rétablir la compétitivité nationale.

Avant le début des campagnes électorales pour la présidentielle et les législatives, le Président de la République sortant aurait dû informer les ministres, les parlementaires, les hauts fonctionnaires et les cadres de l'État sur les meilleures pratiques européennes de conduite de l'action publique pour rétablir les contributions gouvernementales à la compétitivité nationale et au financement du modèle social.

Pratiques quinquennales à dénoncer :
1/ Financer par l'endettement public une partie des dépenses de fonctionnement de la fonction publique et des politiques sociales.
2/ Devoir public de réserve sur les détournements d'emprunt public au détriment de la compétitivité nationale et mépris des engagements financiers Européens de la France.
3/ Rémunérer les cadres de l'État pour détruire de la valeur au détriment de la collectivité et augmenter la rémunération des fonctionnaires sans réduction annuelle de la dette publique de 1% du PIB.

4/ Devoir public de réserve sur l'incompétence des cadres de l'État à manager le progrès continu pour réduire chaque année les dépenses de fonctionnement de l'administration et des services publics et sur les refus gouvernementaux à conduire l'action publique pour améliorer la compétitivité nationale.

Au printemps 2022, quatre millions de cadres du secteur marchand (cadres dirigeants, cadres, petits patrons) devront défendre la pérennité ou le développement de leur entreprise en dénonçant les comportements irresponsables de représentations nationales ayant voté des déficits budgétaires à hauteur de l'inflation financés par l'endettement public sans tenir compte des pertes résultantes de compétitivité nationale et les silences d'un million de cadres de l'État devant la dégradation continue des performances économiques de l'action publique et la fonction publique. Ils devront inciter vingt millions de salariés du secteur marchand à s'abstenir ou voter les 24 avril et 19 juin pour les candidats ou candidates à un mandat national 2022/2027 qui s'engageront à réduire les dépenses de fonctionnement de la fonction publique et proscrire les détournements d'emprunt public au détriment de la compétitivité nationale.

Conclusion

Pour reconstruire une économie nationale compétitive dans la concurrence internationale, les managers du secteur marchand doivent exiger des pouvoirs publics et des partenaires sociaux une réduction progressive de l'endettement public annuel !

Pour reconstruire une économie nationale compétitive dans la concurrence internationale, les managers du secteur marchand doivent exiger des pouvoirs publics et des partenaires sociaux une réduction progressive de l'endettement public annuel !

Les dirigeants de l'État financent par l'endettement public des déficits budgétaires à hauteur de l'inflation en affirmant chaque année aux citoyens que les investissements publics ainsi financés le sont à moindre cout pour la nation compte tenu de la meilleure notation de l'État emprunteur sur les marchés financiers.

Les conseillers référendaires à la Cour des comptes ferment les yeux sur le financement par l'endettement public d'une partie croissante des budgets de fonctionnement de la fonction publique et des dépenses sociales de la nation.

Le Chef de l'État sortant a réformé la haute fonction publique, remplacé l'ENA par l'Institut National du Service Public, supprimé des corps de hauts fonctionnaires et nommé un ministre de la transformation de la fonction publique, mais il n'a pas fixé les efforts gouvernementaux de désendettement public 2022/2027 et les progrès de productivité des agents de l'État pour améliorer la performance économique de la fonction publique et les contributions publiques à la restauration de la compétitivité nationale.

Aucun candidat au mandat présidentiel n'a parlé de la croissance annuelle de la dette publique et de la perte continue de compétitivité nationale. Chacun des douze candidats a proposé des progrès sociaux de plus en plus couteux pour la nation à financer par un endettement public supplémentaire qui dégradera chaque année un peu plus la balance commerciale et la compétitivité nationale.

<u>Mobilisation des managers du secteur marchand contre
les politiques nationales de régression économique</u> :

40000 cadres dirigeants responsables du résultat opérationnel des grandes entreprises et ETI du secteur marchand sont les principaux contributeurs au développement économique national. Ils constatent chaque année les méfaits économiques des politiques quinquennales de surendettement public sur les dégradations de la balance commerciale et la compétitivité nationale. Non tenus au devoir public de réserve, ils ont une responsabilité professionnelle d'information des salariés dans l'entreprise et un devoir national d'alerte des partenaires sociaux sur les dérives gouvernementales de gestion des fonds publics qui dégradent la compétitivité nationale chaque année un peu plus depuis le passage à l'euro.

Faute d'un candidat porteur de projet 2022/2027 de désendettement public et reconstruction d'une économie nationale compétitive pour financer un modèle social de plus en plus couteux, les managers du secteur marchand voteront blanc aux deux tours de l'élection présidentielle les 10 et 24 avril 2022. Quel que soit l'élu de la république, chef de l'État sortant ou nouvelle présidente, et le programme quinquennal d'actions sociales à financer par plus d'endettement public, ils attendront la campagne électorale des législatives pour exiger des pouvoirs publics un retour à l'équilibre de la balance commerciale et une réduction de l'endettement public. Dans les grandes entreprises, ils conseilleront à dix millions de salariés de voter blanc les 12 et 19 juin 2022 si aucun candidat au mandat parlementaire ne s'engage à réduire l'excès de masse salariale de l'État et l'endettement public correspondant.

Après les élections législatives, ils exigeront des pouvoirs publics la fixation des objectifs annuels de réduction des dépenses de fonctionnement de la fonction publique et des partenaires sociaux l'alignement des droits sociaux des salariés et des fonctionnaires pour améliorer la compétitivité nationale et financer le modèle social. Pour reconstruire une économie nationale compétitive, ils exigeront une représentation démocratique des cadres dirigeants de grande entreprise au Haut Conseil des Finances Publiques avec 8 managers du secteur marchand et 2 managers du service public au lieu des 5 membres qualifiés de la société civile et 5 représentants du secteur public et la publication d'un avis contradictoire de la Cour des comptes sur les économies budgétaires 2023/2027 nécessaires pour réduire l'endettement public et améliorer la compétitivité nationale.

À l'automne, le nouveau président de la république, le gouvernement, la ministre de la transformation de la fonction publique et la majorité parlementaire devront répondre aux réclamations de vingt millions de patrons, cadres dirigeants, cadres, petits patrons et salariés du secteur marchand sur les dépenses publiques à réduire pendant le quinquennat pour rétablir l'équilibre de la balance commerciale et réduire la croissance annuelle de l'endettement public.

L'ancien attaché de recherche au Centre National de la Recherche Scientifique attend de nouveaux représentants de la nation, conscients des détournements quinquennaux d'emprunt public ou alertés par les managers du secteur marchand, une saisine du Conseil d'État (ou du Conseil Constitutionnel) sur la légalité du financement par l'endettement public des dépenses de fonctionnement de la fonction publique et des politiques sociales.

Il attend du président sortant réélu ou de la nouvelle présidente d'une république à désendetter :

1/ La diffusion du manuel « **Stop aux politiques nationales de régression économique !** » aux 600 nouveaux ministres et parlementaires pour les alerter sur les fautes quinquennales de gestion des fonds publics à corriger afin de stopper les dégradations continues de la balance commerciale et la compétitivité nationale.

2/ La diffusion du manifeste politique « **Cadres, engagez le fer contre les politiques de surendettement public !** » aux 2000 hauts fonctionnaires avec mission d'évaluer la part de la masse salariale de l'État destructrice de valeur pour la nation et les économies publiques 2022/2027 nécessaires au rétablissement de la compétitivité nationale et à la réduction de l'endettement public.

38

Il attend des nouveaux dirigeants de l'État et des futurs élus de la nation qu'ils sortent l'encadrement public de la déshérence managériale dans laquelle il a été maintenu depuis le passage à l'euro par une génération incompétente de hauts fonctionnaires en transformant l'administration et restructurant les services publics peu productifs pour rétablir les contributions économiques à la compétitivité nationale de l'action gouvernementale et la fonction publique.

L'ancien responsable au début des années 2000 de l'université d'entreprise d'un groupe sidérurgique international de 100000 salariés, 8000 cadres et 600 cadres dirigeants attend du Président de l'Institut National du Service Public une évaluation du plaidoyer « **Cadres de l'État, comportez-vous en manager du service public !** » et une diffusion générale du livret aux professeurs et de l'E-book aux cadres en formation à l'INSP pour apprendre à identifier et exploiter les gisements nationaux de progrès du service public afin de restaurer la contribution économique de la fonction publique à la compétitivité nationale et soutenir le développement des petites et moyennes entreprises (TPE et PME) concurrencées déloyalement par les services techniques ou logistiques peu productifs des collectivités territoriales.

Il attend des présidents du MEDEF et de la CPME une lecture attentive du livret « **Stop aux politiques nationales de régression économique !** » et un engagement patronal collectif contre les détournements d'emprunt public au détriment de la compétitivité nationale. Il attend une diffusion patronale du livret aux 40000 cadres dirigeants de grande entreprise avec mission d'élaborer une synthèse managériale pour quatre millions de cadres et un résumé compréhensif pour seize millions de salariés. Il attend une mobilisation de vingt millions d'électeurs de la majorité laborieuse à voter blanc ou à choisir des candidats au mandat parlementaire 2022/2027 qui s'engageraient à réduire la masse salariale de l'État financée par l'endettement public pour contribuer à la reconstruction d'une économie marchande compétitive dans la concurrence internationale.

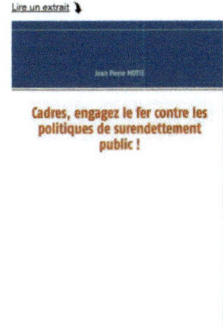

Lire un extrait ⟩

Cadres, engagez le fer contre les politiques de surendettement public !
Jean Pierre Motte

Couverture souple
68 pages
ISBN : 9782322198467
Éditeur : Books on Demand
Date de parution : 16/02/2021
Langue: français
Impression couleurs : non

★ ★ ★ ★ ★ 0 avis

Disponible en :

LIVRE 9,99 €   EBOOK 4,99 €

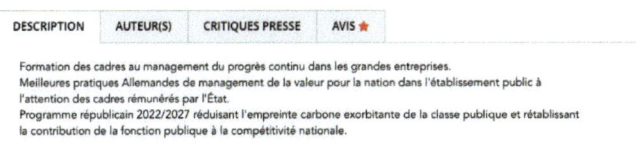

DESCRIPTION	AUTEUR(S)	CRITIQUES PRESSE	AVIS ★

Formation des cadres au management du progrès continu dans les grandes entreprises.
Meilleures pratiques Allemandes de management de la valeur pour la nation dans l'établissement public à l'attention des cadres rémunérés par l'État.
Programme républicain 2022/2027 réduisant l'empreinte carbone exorbitante de la classe publique et rétablissant la contribution de la fonction publique à la compétitivité nationale.

E-book disponible sur www.bod.fr et les boutiques Kindle d'Amazon, Apple iBooks, Google Play et Kobo/Fnac

Lire un extrait ⟩

Cadres, engagez le fer contre les politiques de surendettement public !
Jean Pierre Motte

ePUB
128,8 KB
DRM : stricts
ISBN : 9782322217878
Éditeur : Books on Demand
Date de parution : 16/02/2021
Langue: français

★ ★ ★ ★ ★ 0 avis

Disponible en :

LIVRE 9,99 €   EBOOK 4,99 €

40

Lire un extrait ➘

NOUVEAUTÉ

Cadres de l'État, comportez-vous en manager du service public !

Jean Pierre Motte

Couverture souple
60 pages
ISBN : 9782322270194
Éditeur : Books on Demand
Date de parution : 30/06/2021
Langue: français
Impression couleurs : non

★ ★ ★ ★ ★ 0 avis

Disponible en :

| LIVRE 3,99 € | EBOOK 2,99 € |

Lire un extrait ➘

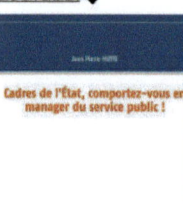

NOUVEAUTÉ

Cadres de l'État, comportez-vous en manager du service public !

Jean Pierre Motte

ePUB
217,4 KB
DRM : filigrane
ISBN : 9782322416066
Éditeur : Books on Demand
Date de parution : 30/06/2021
Langue: français

★ ★ ★ ★ ★ 0 avis

Disponible en :

| LIVRE 3,99 € | EBOOK 2,99 € |